Inhalt

Biologisch abbaubare Werkstoffe (BAW)

Kernthesen

Beitrag

Fallbeispiele

Weiterführende Literatur

Impressum

GENIOS WirtschaftsWissen Nr. 02/2005 vom 14.02.2005

Biologisch abbaubare Werkstoffe (BAW)

I.Zeilhofer-Ficker

Kernthesen

- Biologisch abbaubare Werkstoffe (BAW) sind Kunststoffe, die größtenteils aus pflanzlichen Rohstoffen hergestellt werden und bei bestimmten Umgebungsbedingungen in Wasser, Kohlendioxid und Biomasse zerfallen.
- BAW wurden im Rahmen der Verpackungsnovelle bis zum Jahr 2012 von DSD-Abgaben und Verwertungsquoten freigestellt.
- Ideale Absatzchancen für BAW bieten sich im Verpackungssektor, beim Catering von Großveranstaltungen sowie im Garten- und Landschaftsbau.

- Kompostierbare Werkstoffe können zertifiziert und mit dem Logo für biologische Abbaubarkeit gekennzeichnet werden.
- Pflanzliche Stärke, Zucker, Pflanzenöle und ähnliche Pflanzenprodukte können in der Zukunft das Erdöl als wichtigsten Rohstoff für die Kunststoffproduktion fast vollständig ersetzen.

Beitrag

Der Markt für biologisch abbaubare Werkstoffe

Kunststoffe sind aus unserem täglichen Leben überhaupt nicht mehr wegzudenken: Viele Gebrauchsgegenstände vom Kugelschreiber bis zur Kaffeemaschine haben Plastikgehäuse, die meisten Lebensmittel sind mit Plastikfolien verpackt und auch in unserer Kleidung wird mittlerweile ein großer Anteil von Kunstfasern verarbeitet. Der wichtigste Grundstoff für Kunststoffe aller Art ist Erdöl. Rund 14 Millionen Tonnen Erdöl werden jedes Jahr in Deutschland für die Produktion von chemischen Produkten verarbeitet. (6)

Über 90 Prozent dieser Kunststoffe ist biologisch nicht abbaubar. Die riesigen Müllberge unserer Konsumgesellschaft und damit steigende Kosten für die Müllverwertung sind das Resultat. Dies sowie steigende Erdölpreise sind Gründe, warum sich die Chemiekonzerne nach alternativen Grundstoffen für die Kunststoffproduktion umsehen. Stärke, Zucker und Öle aus Pflanzen oder Cellulose aus Holz sind ideale Alternativen, da sie zum einen immer wieder nachwachsen und zum anderen umweltfreundlich abgebaut werden können. Die Verfahren zur Herstellung von Kunststoffen der verschiedensten Arten aus pflanzlichen Rohstoffen sind entwickelt und marktreife, biologisch abbaubare Produkte stehen zur Verfügung. (1), (2), (6), (7)

Obwohl es diese biologisch abbaubaren Werkstoffe konventionell Bioplastik genannt schon seit geraumer Zeit gibt, tun sich die Hersteller in Deutschland bisher schwer mit der Vermarktung. Dabei sehen Wirtschaftsexperten ein enormes Potenzial für die Bio-Kunststoffe: bis 2010 soll der Markt in der EU dafür bereits 1,2 Millionen Tonnen, 2020 sogar 6 Millionen Tonnen betragen. (1), (2)

Die Einsatzbereiche für biologisch abbaubare Kunststoffe sind vielfältig. Die größten Absatzchancen sieht man im Verpackungssektor, im Cateringbereich sowie für den Garten- und

Landschaftsbau. Gut eingeführt sind die Bio-Kunststoffe bereits in Pharma- und Medizinapplikationen. (3), (4), (5), (www.fnr.de - Download: Biologisch abbaubare Werkstoffe)

Größter Hinderungsgrund ist momentan noch der wesentlich höhere Preis der BAW, vor allem bedingt durch die kleinen Produktionsmengen sowie die Entwicklungskosten. Einen Schub für den deutschen Markt erwartet man sich nun von der kürzlich verabschiedeten Verpackungsnovelle, in der festgelegt wurde, dass biologisch abbaubare Verpackungen von DSD-Gebühren und Verwertungsquoten bis zum Jahr 2012 freigestellt sind. Allerdings muss vor der bundesweiten großflächigen Verbreitung ein Verwertungssystem für zertifizierte Bio-Kunststoffe nachgewiesen werden. (1), (9)

Was sind biologisch abbaubare Werkstoffe

Biologisch abbaubare Werkstoffe können sowohl aus Erdöl als auch aus pflanzlichen Rohstoffen hergestellt werden. Der wichtigste Unterschied zu herkömmlichen Kunststoffen besteht darin, dass sie bei bestimmten Umgebungsbedingungen unter Einwirkung von Mikroorganismen zerfallen und nur natürlich vorkommende ungiftige Ausgangsprodukte Wasser, Kohlendioxid und Biomasse übrigbleiben. Die entstehende Biomasse kann wie normaler Kompost zur Düngung auf Felder aufgebracht werden.

Zur Differenzierung von normalem Plastik wurde von der Interessengemeinschaft Biologisch Abbaubare Werkstoffe (IBAW) zusammen mit der DIN Certco ein Zertifizierungsverfahren mit Kompostierbarkeitslogo entwickelt. Nur wenn nachprüfbar ist, dass der Stoff innerhalb von längstens 12 Wochen in der Kompostieranlage vollständig zerfällt und auch keine Schadstoffe oder Schwermetalle übrig bleiben, kann das Material mit dem Wabensechseck gekennzeichnet werden, das auf die biologische Abbaubarkeit hinweist. (8), (9)

Als nachwachsende Rohstoffe für die Kunststoffproduktion werden vor allem Stärke aus Mais, Getreide oder Kartoffeln bzw. Zucker, Cellulose oder Pflanzenöle verwendet. Daraus können über die Zwischenstufe Polyactid PLA (Milchsäure) sowohl duroplastische (nach dem Aushärten für immer fest) als auch thermoplastische (durch Erwärmen verformbare) Kunststoffe hergestellt werden. Den Einsatzbereichen sind daher kaum Grenzen gesetzt. (2), (www.fnr.de)

Die Vorteile der Kompostierbarkeit kommen vor allem in drei Einsatzbereichen zum Tragen. Verpackungsmaterialien, die nach dem Kauf eines Produkts auf den Müll wandern, stellen das größte Marktpotenzial für Bio-Kunststoffe dar. Einweggeschirr aus Bioplastik kann nach Großveranstaltungen wesentlich günstiger entsorgt werden, als konventionelles Plastik. Im Garten- und Landschaftsbau haben die BAW-Folien, Töpfe oder Bindegarne den Vorteil, dass sie direkt am Einsatzort verrotten, nachdem sie ihren Dienst getan haben. (5), (15), (www.fnr.de)

Ein nicht unerhebliches Marktpotenzial ist sicher auch für elektrische und elektronische Geräte vorhanden. Durch die Rücknahmeverpflichtung der Hersteller für Altgeräte ab 2005 ist das Thema biologische Entsorgung von Gehäuse- und Aufbauteilen stärker in die Diskussion gelangt. Prototypen von kompostierbaren Computergehäusen, Handys und Datenträgern gibt es bereits. (10)

Modellversuch in Kassel

Von Mai 2001 bis Dezember 2002 wurde in Kassel ein Modellversuch durchgeführt, der die

Praxistauglichkeit von BAW im Verpackungsbereich nachweisen sollte. Der weltweit einzigartige Test, an dem über 80 Einzelhandelsgeschäfte, führende BAW-Hersteller, die Bauhaus Universität Weimar sowie das Bundesministerium für Verbraucherschutz, Ernährung und Landwirtschaft beteiligt waren, erwies sich als voller Erfolg. Interviews bei Nutzern ergaben, dass 80 Prozent die Werkstoffe kauften und für gut bzw. sehr gut befanden. Auch die Entsorgung über die Biotonne funktionierte sehr gut und es wurden keine höheren Fehlwurfraten festgestellt. Die Kompostqualität stellte sich als ebenso hoch heraus wie herkömmlicher Dünger. (9), (11)

Unter dem Namen Bio-6-Pack wurden im Sommer 2004 in Großbritannien, Italien, Spanien, Belgien, Österreich und Ungarn ähnliche Praxistests gestartet. Auch hier sollen Großversuche in Modellstädten zu praktikablen Vermarktungs-, Gebrauchs- und Entsorgungsempfehlungen für BAW führen. (12)

Fallbeispiele

Die Broschüre Biologisch abbaubare Werkstoffe der Fachagentur Nachwachsende Rohstoffe e. V. (FNR) bietet einen kompletten Überblick über das Thema. Es kann als PDF-Datei aus dem Internet kostenlos heruntergeladen werden. (16)

Die Novamont GmbH, Eschborn hat unter dem Namen Mater-Bi ein Sortiment von Kunststoffen auf Stärkebasis im Angebot, das wie konventionelle Thermoplaste verarbeitet werden kann. Vor allem für die Verpackung von Frischlebensmitteln sind die auf Polymilchsäure basierenden Biophan-Produkte der Firma Trespaphan, Raunheim geeignet. Ein komplettes biologisch abbaubares Foliensortiment gibt es auch bei der holländischen Storsack-Eurea-Gruppe. Farmfill heißen die Verpackungsprodukte der Firma Loick VNR, die hauptsächlich Mais und Wasser als Rohstoffe nutzt. (2), (5)

Den Rockfans des dänischen Kultfestivals werden die Speisen und Getränke auf BAW-Bechern und Tellern aus Getreidestärke serviert, die von der Firma Compupure, Artern entwickelt wurden. Bei Huhtamaki gibt es BAW-Produkte für das Catering unter dem Namen BioWare. (15), (17)

Unter dem Markennamen Optima sind biologisch abbaubare Fixationsmaterialien der Firma Inion auf dem Markt. Anders als die üblicherweise für Knochenbrüche verwendeten Nägel, Platten und Schrauben ist mit diesen Kunststoffimplantaten keine zweite Operation zur Entfernung der Fremdmaterialien mehr notwendig, da der Biokunststoff vollständig vom Körper absorbiert bzw. ausgeschieden wird. (4)

Bei Hewlett-Packard gibt es schon sein über einem Jahr einen Computer mit einem biologisch abbaubaren Gehäuse auf Maisbasis. Marktreif ist dieser aber noch nicht. NEC will bis zum Jahr 2010 mindestens 10 Prozent der verwendeten Kunststoffe mit BAWs ersetzen und auch Sony und Fujitsu experimentieren mit Produkten auf PLA-Basis. (10)

Als besonderer Gag wurde im Herbst 2004 von Motorola und der Firma PVAXX Research & Development ein Handy vorgestellt, das zur Entsorgung im Garten vergraben werden kann. Ein eingearbeiteter Samenkörper läst daraus sogar eine Blume sprießen. (18)

Weiterführende Literatur

(1) Acht Jahre ohne DSD-Entgelt
aus Lebensmittel Zeitung 52 vom 23.12.2004 Seite 024

(2) O. V., Kunststoff ist Vielfalt pur, Verpackungs-Rundschau, Heft 10/2004, S. 38-41
aus Lebensmittel Zeitung 52 vom 23.12.2004 Seite 024

(3) Mikroben als Chemiearbeiter Die Industrie nutzt zunehmend mikrobiologische Verfahren für die umweltfreundliche und energiesparende Produktion
aus Frankfurter Rundschau v. 02.11.2004, S.27, Ausgabe: S Stadt

(4) Müller, Giorgio, Inion brilliert dank Schweizer Wissen, Finanz und Wirtschaft, 15.01.2005, S. 33
aus Frankfurter Rundschau v. 02.11.2004, S.27, Ausgabe: S Stadt

(5) Auf die Verpackung kommt es an
aus Maschinenmarkt Logistik Nr. 03 vom 07.05.2004

(6) Krauß, Bärbel, Besteht die Plastikente bald aus Stroh?, Stuttgarter Zeitung, 26.01.2005, S. 12
aus Maschinenmarkt Logistik Nr. 03 vom 07.05.2004

(7) Sauermann, Norbert, Faszination Bio und Recycling, Verpackungs-Rundschau, Heft 2/2004, S. 3
aus Maschinenmarkt Logistik Nr. 03 vom 07.05.2004

(8) tipp Abbaubar
aus Frankfurter Rundschau v. 04.06.2004, S.12, Ausgabe: S Stadt

(9) Wechselbäder
aus PAPIER+FOLIEN Nr. 05 vom 02.05.2002 Seite 010

(10) Krug, Verena, Unser täglich Schrott, Sonntag Aktuell, 26.12.2004, S. 4
aus PAPIER+FOLIEN Nr. 05 vom 02.05.2002 Seite 010

(11) Heinke, Nathalie, Einkaufstüten aus Kartoffeln sind in Kassel derzeit der Renner, FAZ.NET, 06.02.2002
aus PAPIER+FOLIEN Nr. 05 vom 02.05.2002 Seite 010

(12) Gemeinsam für die Bio-Verpackung
aus Entsorga Magazin 05 vom 24.05.2004 Seite 008

(13) Rutschmann, Ines, Am BIOP-Institut entwickeln Forscher Verfahren, wie chemisch basierte Produkte durch biologische Pendants ersetzt werden, LVZ/Leipziger Volkszeitung, 22.10.2004, S. 20
aus Entsorga Magazin 05 vom 24.05.2004 Seite 008

(14) Wehaus, Rainer, Auto-Konsolen auf pflanzlicher Basis, Stuttgarter Nachrichten, 16.10.2004, S. 13
aus Entsorga Magazin 05 vom 24.05.2004 Seite 008

(15) Die Natur packt ein Verpackungen aus Biomasse wie Roggen, Weizen, Rüben oder Kartoffeln lösen das Abfallproblem wie von selbst. Spätestens auf dem Kompost zersetzen sie sich in ihre organischen Ausgangsstoffe
aus taz, 22.11.2003, S. 34

(16) Bioplastik-Broschüre
aus Labo, Heft 03, 2003

(17) O. V., Auf den Kompost damit!, Getränkemarkt, 01/2005, S. 7
aus Labo, Heft 03, 2003

(18) Schilling-Strack, Ulrich, Britische Forscher präsentieren kompostierbares Handy, Stuttgarter

Nachrichten, 02.12.2004, S. 8
aus Labo, Heft 03, 2003

Impressum

Biologisch abbaubare Werkstoffe (BAW)

Bibliografische Information der deutschen Nationalbibliothek

Die Deutsche Nationalbibliothek verzeichnet diese Publikation in der deutschen Nationalbibliografie; detaillierte bibliografische Daten sind im Internet über http://dnb.d-nb.de abrufbar.

ISBN: 978-3-7379-1448-2

© 2015 GBI-Genios Deutsche Wirtschaftsdatenbank GmbH, Freischützstraße 96, 81927 München, www.genios.de

Alle Rechte vorbehalten. Dieses Werk ist einschließlich aller seiner Teile – z.B. Texte, Tabellen und Grafiken - urheberrechtlich geschützt. Jede Verwertung außerhalb der Grenzen des Urheberrechtsgesetzes bedarf der vorherigen Zustimmung des Verlags. Dies gilt insbesondere auch für auszugsweise Nachdrucke, fotomechanische Vervielfältigungen (Fotokopie/Mikroskopie), Übersetzungen, Auswertungen durch Datenbanken oder ähnliche Einrichtungen und die Einspeicherung und Verarbeitung in elektronischen Systemen.